AF233265

ÉGALITÉ, LIBERTÉ,
UNITÉ, INDIVISIBILITÉ
DE LA RÉPUBLIQUE,
FRATERNITÉ OU LA MORT.

EXTRAIT des *Procès-verbaux qui constatent la réunion des patriotes réfugiés des ci-devant pays de Liége, Franchimont, Stavelot et Logne, en assemblée générale populaire au ci-devant palais Cardinal, local qui leur a été assigné par la Commune de Paris.*

Assemblée générale des Liégeois réfugiés à Paris, au ci-devant palais Cardinal.

Séance du 11 juillet 1793, 2e. de la Republique française, une et indivisible, à onze heures du matin:

Présidence du citoyen PONDAVY.

SUR la proposition d'un membre, l'assemblée declare que *ceux des admiuistrateurs et officiers municipaux de Liége, qui* ont écrit la lettre à l'ex-ministre Lebrun,

A

insérée dans le supplément au Journal de Paris, n°. 33, ont perdu la confiance des Liégeois, qui l'ont désavouée publiquement.

En conséquence, elle en déclare les auteurs et adhérens, complices de la faction *Girondine et Brissotine*, anéantie par la Convention nationale, *lors des journées mémorables du 31 mai, 1, 2 et 3 juin dernier*, dont la liste, avec le procès-verbal de cette séance, sera remise à la Commune de Paris, au ministre de l'Intérieur, au conseil exécutif, au comité de salut public et aux sociétés populaires. Sur la motion du citoyen Briart, l'assemblée arrête que le procès-verbal sera communiqué à nos freres de Franchimont, Stavelot et Logne, avec invitation de se réunir à nous, et resserrer les liens de la fraternité pour travailler conjointement au bien général; en conséquence, les C. Pondavy, Briart et Cornesse sont chargés de cette mission, pour en faire le rapport à la prochaine séance, fixée à samedi prochain, 13 courant, à onze heures du matin.

Séance du 13 courant.

Les députés font rapport de leur mission

vers la Commune de Paris, qui a applaudi aux mesures prises par l'assemblée, et annoncent que nos freres de Franchimont sont occupés à délibérer sur notre invitation.

Une députation de nos freres les Franchimontois se présente, elle communique l'expression de leur sentiment ainsi conçue:

Le comité des Franchimontois a reçu dans son sein avec la plus vive satisfaction la députation de ses frères les sans-culottes et vrais républicains Liégeois, qui, unis aux principes du pur républicanisme, ont témoignés leur desir de se joindre à nous pour les faire triompher, sans avoir jamais cessé de fraterniser avec tous ceux qui ont professé et qui profesent les mêmes sentimens; le comité déclare ne former qu'un seul faisceau avec tous ceux qui comme lui veulent l'unité, l'indivisibilité de la république et former une réunion de force et de moyens pour la consolidation de la révolution et le maintien de la nouvelle constitution.

En conséquence, et pour travailler de concert, le comité demande à ses freres les Liégeois sur quelles bases ils voudroient former cette réunion, et depute quatre de ses membres pour leur porter la presente déliberation.

L'Assemblée, vivement pénetrée des sentiments qui animent et ont toujours annimés nos freres de Franchimont, a arrêté de nommer quatre commissaires qui se réuniront à ceux de Franchimont, afin de rédiger les bases de notre réunion pour en être fait rapport séance tenante.

Projet de réunion.

Les sousignés membres du comité de Franchimont, Stavelot et Logne pensent, que pour former une réunion de force et de moyens avec leurs freres les citoyens sans-culottes du pays de Liege, afin de faire triompher les vrais principes du républicanisme et de travailler à assurer à leurs concitoyens la jouissance des droits communs à tous les hommes, il seroit possible de se former en assemblée générale, qui prendroit la dénomination d'assemblée populaire, composée des citoyens sans-culottes des ci-devant pays de Liege, Franchimont, Stavelot et Logne, dans laquelle on délibéreroit à la majorité des suffrages sur les grands intérêts de la république, en ce qui pourroit intéresser et concerner l'Assemblée.............

Fait à Paris le 13 Juillet 1793, l'an deuxieme de la République française, une et indivisible. Signés DETHIER, BRISCHE, JEHIN, et PETITEOIS.

Nous sousignés députés par nos concitoyens du ci-devant pays de Liege, par arrêté de ce jour, ayant délibéré avec les députés de Franchimont, Stavelot et Logne sur le projet de réunion en assemblée générale ci-dessus proposé, déclarons d'y adhérer. Signés J. F. J. BRIART, V. S. CORNESSE, P. T. J. WILMOTTE.

Séance dudit jour ouverte à 7 heures du soir.

Les députés font leur rapport, et communiquent le projet de réunion en assemblée générale populaire concerté entre les commissaires respectifs. Après une longue discussion, l'assemblée l'a adopté, et à arrêté de le communiquer à nos freres de Franchimont, Stavelot et Logne, à leur prochaine assemblée.

Assemblée des Franchimontois, Stavelotiens et autres, au ci-devant palais Cardinal.

Séance du 15 juillet 1793, 2ᵉ. de la République française.

Présidence du citoyen JEHIN.

L'assemblée a reçu dans son sein la députation de nos freres les Liégeois au milieu des applaudissemens réitérés, qui a remis sur le bureau extrait du Procès-verbal de leur adhésion, au projet de réunion à eux proposé; et après lecture, l'assemblée, par l'organe de son président, a arrêté *la réunion des citoyens réfugiés des ci-devant pays de Liége, Franchimont, Stavelot et Logne en assemblée générale populaire,* et l'accolade fraternelle a été donnée à la députation.

Assemblée générale populaire des citoyens réfugiés des ci-devant pays de Liége, Franchimont, Stavelot et Logne, réunis à la République française, séante au ci-devant palais Cardinal, à Paris.

Premiere séance du 15 juillet 1793.

Présidence du citoyen JEHIN.

L'assemblée générale arrête qu'elle tiendra ses séances dans le local occupé par les Franchimontois, et que celui occupé par les Liégeois servira pour l'usage d'un comité qu'elle jugera nécessaire d'établir.

Profession de foi civique adoptée à l'unanimité, et signée par chaque individu composant l'assemblée.

ÉGALITÉ, LIBERTÉ.

PROFESSION de foi civique proposée aux Patriotes réfugiés des ci - devant pays de Liége, de Franchimont, de Stavelot, et autres voisins, réunis à la République.

Nous soussignés patriotes réfugiés des ci-devant pays de Liége, de Franchimont, de Stavelot et autres voisins, réunis en assemblée générale populaire, ce 15 juillet 1793, deuxieme de la République, au ci-devant palais Cardinal, local à nous assigné par la Commune de Paris ; considérant combien il est digne des francs et loyaux patriotes, dans la situation critiqne où se trouve maintenant la République, de faire une exposition simple et fidele de nos sentimens civiques, combien il importe de tirer dès la premiere séance de cette assemblée générale, une ligne exacte de démarcation entre nous et ceux des réfugiés de nos pays qui ne professeroient point les mêmes principes, déclarons solemnellement de ne pouvoir admettre ni souffrir parmi nous que des citoyens réfugiés hors de nos pays pour cause de patriotisme, ni aucun de ceux qui refuseroient ou n'auroient pas le courage de signer comme nous les points suivants que nous sommes convenus de regarder comme un symbôle civique qui aide à distinguer les bons patriotes réfugiés de ceux qui ne le sont point.

1°. La réunion pure et simple de nos pays à la République Française, une et indivisible.

2°. L'adhésion aux principes de la Montagne de la Convention, et de la Société des Jacobins de Paris.

3°. L'adhésion à la révolution des 31 mai, 1, 2, et 3 juin dernier.

4°. La soumission entiere aux décrets émanés de la Convention Nationale, depuis ces mémorables journées.

5°. Le ralliement à cette Assemblée, comme un vrai centre de réunion de tous les vrais patriotes Français.

6°. L'acceptation de la déclaration des droits de l'homme et du citoyen, et de l'acte constitutionnel présenté le 24 juin dernier par la Convention, au peuple Français, et déja acceptée par une très-grande partie du peuple souverain.

Nous déclarons même de ne plus considérer que comme des faux freres, comme des hommes indignes de la confiance de nos concitoyens, tous ceux qui seroient prouvés depuis notre retraite dans l'intérieur de la république, avoir professé ou professer, de propos délibéré, des principes contraires aux points ci-dessus, que nous regardons comme des conditions essentielles de notre réunion en assemblée générale, promettons de lesdénoncer tous indistinctement, comme nous avons déja commencé, à mesure qu'ils nous seront connus. Et arrêtons que cette profession pure et simple de sentimens civiques, dont nous sommes animés, sera affichée au lieu de nos séances, avec les noms de ceux qui l'auront signée, et successivement de ceux qui y adhéreront ; qu'elle sera imprimée, affichée, insérée dans les papiers publics, adressée à la Convention Nationale, aux Autorités constituées et aux Sociétés populaires de Paris, et envoyée dans les différens endroits de la république où se trouvent de nos concitoyens réfugiés, avec invitation pressante à tous ceux d'entre eux qui sont animés du même esprit que nous, et qui ne se trouvent pas à cette premiere séance, de se hâter de venir signer cette profession de foi civique, ou de nous faire parvenir leur adhésion expresse pour que personne ne puisse les suspecter d'incivisme ni de modérantisme.

Sur la motion d'un membre, diversement amendé par d'autres, l'assemblée a arrêté qu'il seroit fait une députation au conseil général de la Commune de Paris, pour y remettre un extrait du procès-verbal de cette séance, avec copie de la profession de foi civique que l'assemblée a fait, et demander au conseil général qu'il veuille faire apposer les scellés sur l'appartement occupé par le citoyen Liben, secrétaire-greffier de la Commune de Liége, au ci-devant palais Cardinal, où sont déposées les archives du ci-devant pays de Liége, attendu qu'il a perdu la confiance de l'assemblée, comme professant des principes différens des siens.

Sur l'observation d'un membre, l'assemblée suspend l'exécution de cet arrêté jusqu'à demain, motivé sur ce qu'on convoquera spécialement tous les citoyens pour l'assemblée, fixée à demain à neuf heures du matin.

Séance du 16 courant.

Le secrétaire fait lecture du procès-verbal de la séance précédente, qui est adopté. Sur la proposition d'un membre, l'assemblée charge son président de nommer la députation, qui se rendra à la maison Commune de Paris, pour l'exécution de l'arrêté du jour d'hier : en conséquence, les citoyens *Delrée*, *Petit-Bois*, *Heyman*, *Pondavy*, *Wilmotte et Briart*, sont députés à cet effet.

Sur la proposition d'un membre, l'assemblée arrête qu'elle se transportera toute entiere pour assister au convoi funebre du *patriote Marat, assassiné par une furie*, qui se fera aujourd'hui, et fixe le lieu de rassemblemeut au Luxembourg à cinq heures du soir.

Séance du 19 courant.

Les membres députés vers la Commune de Paris, rendent compte de leur mission. Ils annoncent que le conseil général les a accueilli, invités aux honneurs de la séance, et que sur le requisitoire du substtitu du procureur de la Commune , Réal, le conseil général a nommé trois commissaires, qui se rendront aujourd'hui à notre séance, pour assister, avec les commissaires que l'assemblée nommera , à l'exécution de l'arrêté du 15 courant. — Applaudissements.

Un membre annonce l'arrivée des commissaires de la Commune de Paris ; l'assemblée se leve spontanément et les reçoit dans son sein au milieu des plus vifs applaudissemens. Ils remettent sur le bureau l'arrêté du conseil général du 17 courant, qui fait l'objet de leur mission.

Un des secrétaires en fait lecture ; il porte : « que le scellé sera apposé sur l'ap-
» partement occupé par le citoyen Liben,
» ci-devant secrétaire-greffier de la Com-
» mune de Liége, au ci-devant palais Car-
» dinal, où sont déposées les archives du
» ci-devant pays de Liége, lesquelles seront
» rapportées à la maison Commune, où
» elles avoient été déposées à leur entrée
» à Paris, et nomme *Chenaux* , *Camus* et
» d'*Aubancourt* pour les aider dans cette
» opération». L'assemblée en témoigne sa satisfaction par les plus vifs applaudissemens.

Sur l'invitation des commissaires, l'assemblée députe les citoyens Jehin , Colson, Wilmotte et Pondavy , pour procéder à l'apposition des scellés avec les députés du conseil général de la commune.

Les commissaires communiquent à l'assemblée le procès-verbal de l'appositition des scellés, qui est vivement applaudi et adopté à l'unanimité.

Sur la proposition d'un membre , l'assemblée arrête que copie authentique de ce procès-verbal sera remise au ministre de l'intérieur.

Suit un passage dudit procès-verbal.

«Ont été introduits au milieu de l'assemblée
» les citoyens Chenaux , Camus et d'Auban-
» court, membre du conseil général de la
» Municipalité de Paris , lesquels ont témoi-
» gné aux citoyens Français réunis en la-
» dite salle , comme dit est, la satisfaction
» qu'ils éprouvoient de se trouver au milieu
» des zélés défenseurs de la liberté , et qui
» avoient eu le courage et la vertu de sacri-
» fier leur fortune et tous leurs intérêts par-
» ticuliers pour en perpétuer et étendre les
» branches sur le territoire des tyrans coa-
» lisés , et ont déposé sur le bureau l'arrêté

» dont ils étoient porteurs, et déclaré aux-
» dits citoyens Français réunis, qu'ils of-
» froient et étoient prêts à leur donner toute
» l'assistance dont ils pourroient avoir be-
» soin ; mais comme le droit dont ils al-
» loient user étoit l'effet de l'exercice de
» leur souveraineté particuliere, du droit
» des administrés sur les administrateurs,
» ils les invitoient à nommer des commis-
» saires dans leur sein pour y procéder ».

Sur la proposition d'un membre, l'assemblée générale ayant, par sa profession
de foi civique, établi une ligne de démarcation entre elle et ceux de ses concitoyens
qui ne professeroient pas les mêmes principes, et considérant combien il importe
sur-tout, dans les circonstances présentes,
que des hommes, dont le civisme et la
conduite politiques sont équivoques ou peu
connus, n'obtiennent pas trop facilement
des certificats ou passe-ports ; arrête d'in-
viter la Municipalité de Paris à vouloir
bien ordonner qu'aucun passe-port ne soit
délivré à nul citoyen des ci-devant pays
de Liége, Franchimont, Stavelot et Logne,
s'il n'est muni d'un certificat de civisme
de cette assemblée générale. Arrête de plus

qu'extrait du Procès-verbal , contenant l'arrêté ci-dessus, sera remis au parquet du Procureur de la Commune, et aux 48 sections de Paris.

Séance du 23 courant.

Le citoyen Briart, chargé par l'assemblée de la rédaction d'un extrait des Procès-verbaux, qui constatent la réunion des citoyens réfugiés des ci-devant pays de Liége, Franchimont, Stavelot et Logne en assemblée générale populaire, donne lecture de son travail. L'assemblée l'adopte et en arrête l'impression et l'envoi aux autorités constituées, et aux sociétés populaires de Paris.

Signés, T. J. JEHIN, *Président.*

M. COLSON.
J. H. NAHON.
J. F. J. BRIART.
} *Sécretaires.*

Par arrêté de l'assemblée , ses séances ordinaires sont fixées les Mardi, Jeudi et Dimanche, à dix heures du matin.

De l'Imprimerie de la Société Typographique, rue et Collége des Cholets.